गुंजन

मन की ध्वनि

ऋचा शर्मा रावत

BookLeaf Publishing
India | USA | UK

Made with ❤ on the BookLeaf Publishing Platform
www.bookleafpub.in
www.bookleafpub.com

Dedication

सर्वप्रथम मैं मेरी इन कविताओं को जीवन की उन चुनौतियों को समर्पित करना चाहती हूँ, जो मेरे रास्ते में आईं, मैंने उनका सामना किया और उनसे पार पाया | इन चुनौतियों ने मेरे व्यक्तित्व को विकसित किया और मुझे वो बनाया जो मैं आज हूँ | इसके बाद मैं इन कविताओं को समर्पित करना चाहती हूँ अपनी माँ (उषा शर्मा) और पिता (गणेश प्रसाद शर्मा) को, जिनसे मुझे प्रोत्साहन मिला, जिन्होंने लेखन की इस यात्रा में मेरा साथ दिया और मेरी हर कविता पर अपनी ईमानदार राय व्यक्त की | मेरी बहनें ऋतु और आस्था, जो हमेशा मेरी कविताएँ पढ़कर मुझे सलाह देतीं हैं, उन्हें भी मैं यह पुस्तक समर्पित करना चाहती हूँ | अंत में एक और शख़्स मेरे पति (अनिल रावत), जिनका मेरे जीवन में आगमन हुए कुछ ही समय हुआ है,उन्होंने भी मुझे स्वछंदता के साथ लिखने के लिए प्रेरित किया, उन्हें भी मैं ये पुस्तक समर्पित करना चाहती हूँ |

Preface

"जीवन में अनुभव केवल उम्र के साथ आता है" यदि यह कहा जाए तो गलत होगा | अनुभव जीवन में घटित होने वाले घटना क्रम एवं उन परिस्थितियों से आता है जिनमें रहकर या जिनसे जूझकर व्यक्ति जीवन निर्वाह करता है | यह पुस्तक मेरे जीवन के अनुभवों का प्रतिबिम्ब है | साथ ही लिखना मेरे लिए एक मानसिक औषधि की तरह है | लेखन एक योग की तरह भी है जो मन को शांत करता है | जब अनुभव, अनुभूति और अभिव्यक्ति एक साथ मिलते हैं तो लेखनी से कविता अपने आप ही कागज़ पर उतर आती है | इन कविताओं में हर पाठक अपने जीवन की छवि देख पायेगा और साथ ही इन्हे पढ़कर एक सुकून और आनंद का अनुभव करेगा | कोई कविता अपने अंतरात्मा की आवाज़ सुनने को कहती है तो कोई कविता प्रेम को एक पेड़ के रूप में प्रस्तुत करती है, साथ ही कोई कविता आपके साहस को इंगित करती है | किसी कविता में कहा गया है कि जीवन ईश्वर का रचित और निर्देशित चलचित्र है तो किसी कविता में नृत्य को ईश्वर से जोड़कर बताया गया है | हर कविता अपने आप में अद्वितीय है जिनसे पाठक जुड़ाव महसूस कर पायेगा | |

Acknowledgements

सर्वप्रथम मैं इस किताब को लिख पाने का सामर्थ्य देने के लिए ईश्वर को धन्यवाद देना चाहती हूँ कि उन्होंने मुझे इस योग्य बनाया और ऐसे विचार और ऐसी सोच दी, जिसको मैं कविताओं के माध्यम से अभिव्यक्त कर पाई | इसके साथ ही मैं BookLeaf Publishing को भी धन्यवाद देना चाहती हूँ जिसने मेरे सपने को साकार करने में मेरी मदद की |

1. अंतरात्मा

जब मन हो असमंजस में,
इसे न कुछ सूझता,
किसी निर्णय पर पहुँचने,
ये कई पहेलियाँ बूझता,
जब आँखे चौंधिया जाती हैं ,
आगे का रास्ता नहीं देख पाती हैं ,
मस्तिष्क पर छाया कोहरा,
जब हट नहीं पाता,
कोहरे की कई परतों को हटाकर,
जब निष्कर्ष तक पहुँचा नहीं जाता ,
तब ह्रदय से एक मद्धम सी आवाज़ आती है,
जो मन मस्तिष्क के असमंजस को दूर भगाती है ,
हर मनुष्य के ह्रदय में है परमात्मा,
जो आँखे देख नहीं पाती और,
कान सुन नहीं पाते,
उसे महसूस कर सकती है अंतरात्मा|
जीवन में कई क्षण आते हैं,
जब होती है मनुष्य की परीक्षा,
उसके हर निर्णय की होती है समीक्षा ,
जो अपने अंतरात्मा की आवाज़ को स्वीकारते हैं

कई चुनौतियों के बाद भी वे,
समाज में अपने व्यक्तित्व की छठा बिखेरते हैं,
जब तक मनुष्य कोई निर्णय नहीं लेता,
तब तक किसी परिणाम तक नहीं पहुँचता ,
जब कोई मिलता नहीं मार्गदर्शक,
अंतरात्मा की आवाज़ बनती है पथ प्रदर्शक,
जो अपने अंतरात्मा की आवाज़ को हरदम ही मारते हैं,
जीवन रुपी इस रण में,
अपना आत्मसम्मान हारते हैं |

2. अपनी बारी

रास्ते में चारों तरफ़ अवरोध हों,
सच कहने पर भी,
आपका विरोध हो,
जब लोग षड्यंत्र रचें,
आपको गिराने का,
तब करना इंतज़ार,
अपनी बारी आने का ।
जब आपकी हर विशेषता को,
नज़रंदाज किया जाए,
हर ग़लती का दोष,
आपको दिया जाए,
जब लोग धूर्त प्रयास कर रहे हों,
आपको हराने का,
तब करना इंतज़ार,
अपनी बारी आने का।
जब लोग आपको दौड़ में,
हरा नहीं सकते,
तो आपको गिराने का,
प्रयास हैं करते,
जब किया जाये प्रयास,

आपके निश्छल मन को,
अपराधबोध कराने का,
तब करना इंतज़ार,
अपनी बारी आने का।
जब लोग पीठ पीछे,
आपकी छबि को धूमिल करें,
आपसे ईर्ष्या के चलते,
लोगों के कान भरें,
जब लोग कोशिश करें,
आपकी सोच को दबाने का,
तब इंतज़ार करना,
अपनी बारी आने का।
जब आपका मन,
नित नये संघर्षों से थक जाए,
आपका मन तनाव के,
चंगुल में फँस जाए,
जब करना पड़े प्रयास,
मन का दर्द छुपाने का,
तब इंतज़ार करना
अपनी बारी आने का।
जब कोई भी मित्र न हो,
जो बिना पूर्वाग्रह के आपका पक्ष सुने,
सब आपसे अपना,
मतलब साधने के ख़्वाब बुनें,
जब मन प्रयास छोड़ दे,
लोगों का साथ पाने का,
तब इंतज़ार करना,

अपनी बारी आने का।
जब तुम्हारी कमियों को,
प्रमुखता से प्रदर्शित किया जाए,
और तुम्हारी खूबियों को छिपाया जाए,
जब प्रयास करें सब,
तुम्हें घुटनों पर लाने का,
तब इंतज़ार करना,
अपनी बारी आने का।
जब तुमसे सब सहा न जाए,
चाहकर भी जुबान कुछ कह न पाए,
करें सब इंतज़ार,
तुम्हारे आँसू बहाने का,
तब इंतज़ार करना,
अपनी बारी आने का।

3. आशियाना

गूँजता है जहाँ राग प्यार का,
कोई मोल नहीं है माँ- पापा के दुलार का,
जहाँ मैं अपने सहज रूप में होती हूँ,
जहाँ मैं चैन की नींद सोती हूँ,।
याद आता है जीवन का वो फसाना,
बहुत दूर हो गया है मेरा आशियाना।
मैं प्रयास में थी कि रास्ता मिले,
मेरे घर मेरी मंज़िल तक पहुँचने का,
पर ईश्वर नें इतनी देर लगा दी,
कि रास्ता तो मिला पर मंज़िल बदल चुकी थी,
अब मुझे नये रिश्ते हैं निभाना,
छूट गया मेरा वो आशियाना।
वो कमरा वो छत मुझे याद आती है,
माँ-पापा और बहनों की याद मुझे रुलाती है,
इतनी दूर आ गयी हूँ मैं,
अब संभव नहीं मेरा वापस जाना,
बहुत दूर हो गया है मेरा आशियाना।
दूर आ गयी घर से नौकरी करने,
अपने अस्तित्व को बचाने की जद्दोजहद,
और जीवित होने के मूल्य भरने,

फिर लौटकर वापस नहीं हुआ जाना,
बहुत दूर हो गया है मेरा आशियाना।
वो शहर मेरा और नर्मदा का किनारा,
मन चाहता है, वो मिल जाए दोबारा,
बैठकर सूर्यास्त को निहारना,
और नदी में पैर छपछपाना,
सोचती हूँ कभी हो पायेगा मेरा वापस जाना,
बहुत दूर हो गया है मेरा आशियाना।
किस्मत का खेल समझ नहीं आता,
कभी-कभी जीवन में कुछ नहीं भाता,
आज तीन शहरों में फँसी जिंदगी,
ढूँढती है अपना एक स्थायी ठिकाना,
बहुत दूर हो गया है मेरा आशियाना।

4. ईश्वर और चलचित्र

ईश्वर के निर्देशित चलचित्र के,
हम सब हैं एक पात्र,
अदा करना है किरदार यहाँ,
उसकी योजना के
हम हैं निमित्त मात्र,
लिख दिये हैं उसने किरदार हमारे,
कब क्या होगा कहाँ घटित,
उसके पास हैं , चिट्ठे सारे,
हर किरदार की भूमिका ,
कर दी है उसने तय,
करने उसके आदेश को पूरा,
हम करते हैं अभिनय,
बन कर कठपुतली उसके हाथों की,
करते हैं सब नाँच,
साँच की जब तक डोर बँधी,
आ सकती न आँच,
अच्छाई बुराई, सच और झूठ,
हर भाव के हैं, उसके अपने पैमाने,
कर्ता कर्मफल के अभिभूत हो,
फिर कर्म के सुख को कैसे जाने?

देख रहा है चलचित्र को,
बन कर वो दृष्टा,
हर अभिनय का वो है निर्देशक,
और हर किरदार का है सृष्टा,
जब किरदार रचा है उसने,
अभिनय है हमारा तय,
फिर क्यों है हमारा उत्तरदायित्व?
जब सृष्टि है सृष्टामय,
बुद्धि कराती है जिन्हे,
सही गलत का ज्ञान,
कठपुतली बन नाचते नहीं,
किरदार से निकल बन जाते इंसान I

5. ईश्वर और नृत्य

मन में बजते मृदंग,
सुमधुर कलरव जिनका कृत्य,
ताल पर थिरकते जीवन पटल पर,
मन अभिभूत हो करता नृत्य,
भंगिमाएं नृत्य की,
उस परम सत्य की कृति को,
चक्षुओं में उकेर रहीं,
करने उस ममत्व का अनुभव,
हथेली को अपने ही शीश पर फेर रहीं,
नृत्य की हर चाल और भाव भंगिमाएं,
हैं उस परमात्मा की कृति,
नेत्रों में छाए दृष्टांत,
उनसे उपजी भंगिमाएं,
विचलित होते मन और स्मृति,
चक्षुओं के करतब, उनकी कलाकारी,
नृत्य की चालों को निखार रहीं,
नेत्रों से बहती तरंगिणी,
उस परमार्थ के चरणों को,
संवेदनाओ से पखार रहीं,
कराने साक्षात्कार स्वयं से,

करते षड्यंत्र ये सुर और ताल,
भटकते मन को दिशा दिखाने,
प्रकृति चलती है सुमधुर चाल,
नृत्य करते ग्रह उपग्रह ,
समन्वय इनके नृत्य की प्रकृति,
अनुशासन का ज्ञान करा,
बदलते अपनी स्थिति,
यथा परिस्थिति,
परमाणु की सूक्ष्मता,
इसके अंदर विस्तृत कलाकारी का,
बोध कराता ब्रह्मांड,
थिरकते पटल पर, मिट्टी से ,
हाथों का स्पर्श पाकर बन जाते मृद्भांड,
मन,जीवन और ब्रह्मांड के इस नृत्य का,
परमात्मा है परम निर्णायक,
हर अदाकारी, हर कलाकारी का,
वो है पर्यवेक्षक और महानायक |

6. गलत है

गलत है,किसी से उसका,
बचपन छीन लेना,
और जकड़ देना उसे,
जिम्मेदारियों में,
क्यूँकि लाख कोशिशों के बाद भी,
वो बचपन कभी,
लौटाया नहीं जा सकता l
मुरझाते चेहरों की खोती चमक,
और मायूस मन की,
उलझनों में फँसकर,
वो अल्हड़पन और बेबाकी को,
फ़िर से पाया नहीं जा सकता l
व्यर्थ है वो सब कुछ,
जो समय पर ना मिले,
फूलों के सूख जाने के बाद,
डाला गया पानी,
फिर से उन फूलों को,
खिला नहीं सकता।
गलत है, किसी से उसकी,
अभिव्यक्ति की स्वतंत्रता छीन लेना,

और विराम लगा देना,
उसकी स्वतंत्र सोच पर,
क्यूँकी लाख कोशिशों के बाद भी,
उस सोच से जुड़ी क्रांति,
और सुधार को लाया नहीं जा सकता,
साहसी के सच को कह देना,
कि ये अनर्थ है,
मन के प्रगतिशील विचारों को,
रोकने का प्रयास करना,
कहकर कि ये व्यर्थ हैं,
फिर किसी बड़े सुधार की,
बयार को बहा नहीं सकता।
गलत है छीन लेना,
कलम और पुस्तकों को बालपन में,
और झौंक देना,
भविष्य की उन्नत संभावनाओं को,
भूख, लाचारी और मजदूरी की भट्टी में,
रोटी, कपड़ा और मकान की जद्दोजहद में लगे,
बालमन की आँखों में,
सुनहरे भविष्य का कोई सपना,
आसानी से सजाया नहीं जा सकता।

7. चहक उठता है मन

चहक उठता है मन,
जब कोई सपनों की बात करता है।
मृतप्राय हो चुकीं इच्छाओं को कुरेदकर,
जब कोई उन्हे पूरा करने की बात करता है।
चहक उठता है मन,
जब कोई लापता इंसान,
जो कई कोशिशों के बाद भी,
मंज़िल न पा सका,
लोगों को राह दिखाकर,
अपना अस्तित्व बचाता है |
चहक उठता है मन,
जब कोई अपने अनुभवों को,
कविता का रूप देता है,
आँखों को ठंडक देने वाली,
चित्रकारी करता है,
या गाता है कसीदे जीवन के,
और जिंदगी के राग बजाता है|
चहक उठता है मन,
जब कोई दूर दफ़्तर से थका लौटकर,
प्रेम का आलिंगन प्राप्त कर लेता है,

और उसके दिन का वृतांत सुनने के लिए,
जब पास में कोई अपना होता है |
चहक उठता है मन,
जब कोई अपने अथक प्रयासों के लिए,
सच्ची प्रशंसा पाता है,
या अपनी कोशिशों को और तेज़ कर,
मंज़िल तक पहुँचने के लिए,
प्रेरणा पाता है |
चहक उठता है मन,
जब कोई कई कठिनाइयों से जूझकर भी,
उनकी नकारात्मकता को,
खुद पर पड़ने नहीं देता,
और अपनी मासूमियत को बरकरार रखता है|

8. दरवाज़ा बंद है

कई मृतप्राय हो चुकी इच्छायें,
और कई क्षीण हो चुके सपने,
मन में बहता समंदर,
जो अस्त व्यस्त करता,
भीतरी मंज़र,
अंतर्मन के अंदर,
कई दंद-फंद हैं,
खुला नहीं वर्षों से,
वो दरवाज़ा बंद है।
चारों और जमी हुई धूल है,
लग चुकी है दीमक,असबाब पर,
जाले बुन दिये मकड़ी ने,
मन के हर कोने
और मूर्छित ख़्वाब पर,
देखती हूँ मन के आँगन में,
हैं कई दरारें और
पड़ चुकी संद है,
खुला नहीं वर्षों से,
वो दरवाज़ा बंद है।
कुछ अनकही थी,

जिसे मन कह नहीं पाया,
कुछ राग थे,जो मन गा नहीं पाया,
आज ढूँढता है, शब्दों को,
जो व्यक्त कर सकें,
उस अधूरेपन को,
अभिव्यक्त कर रहा है मन,
लुप्त इच्छाओं के जो छंद हैं,
खुला नहीं वर्षों से,
वो दरवाज़ा बंद है।
कोई मन की पुरानी, धूल खा रही,
किताब को खोल दे,
बिखर रहे पन्नों को जिल्द कर दे,
सहेजकर उसके ज्ञान और भाव को,
उसे जीवंत कर दे,
पर बंजर को उर्वर बनाने वाले चंद हैं,
खुला नहीं वर्षों से,
वो दरवाज़ा बंद है।
वो मन की खिड़की जो कभी,
कौतूहल उत्पन्न करती थी,
आज जर्जर पड़ी है,
अरमानों की जर्जर दीवार पर,
टंगी एक बंद घड़ी है,
सोच जो कुलांचे भारती थी,
आज मंद है,
खुला नहीं वर्षों से,
वो दरवाज़ा बंद है।

9. दृश्य व अवस्थिति

कभी- कभी हम देख नहीं रहे होते,
बल्कि परिदृश्य हमें दिखाई पड़ता है,
कुछ चीजों को देखना भी हमारे हाथ में नहीं है,
वो बरबस ही दिखाई पड़ती हैं,
यानि वो हमारी वर्तमान अवस्थिति पर निर्भर करती हैं,
जैसे ट्रेन में एक तरफ़ बैठकर,
ट्रेन की गति की दिशा में, खिड़की से देखने पर,
बाहरी परिदृश्य आगे बढ़ता प्रतीत होता है,
वहीं दूसरी तरफ़ बैठकर,
ट्रेन की गति की विपरीत दिशा में, खिड़की से देखने पर,
बाहरी परिदृश्य पीछे छूटता प्रतीत होता होता है,
जो कि ऐसी मनोस्थिति निर्मित करता है,
मानो हम आगे की ओर मुख किये पीछे की ओर अग्रसर हैं,
यानि अतीत की और मुख किये,
भविष्य की ओर जा रहे हैं,
और चीज़ें गुज़र ही रहीं हों पीछे छूटने के लिए,
जो कि मानसिक अस्थिरता को जन्म देता है,
इस अवस्थिति को नज़रंदाज़ नहीं किया जा सकता,
हमारी शरीरिक अवस्थिति,
और दृश्य,जो हमारी आँखों को दिखाई पड़ते हैं,

हमारी मानसिक स्थिति उनसे भी निर्धारित होती है,
जैसे हमारी अवस्थिति,वर्तमान है,
भविष्य के लिए हम निश्चित नहीं हैं,
जो आता और गुजर जाता है,
चिंता, भय, कौतूहल, आशा, उत्साह उत्पन्न करता है,
वहीं अतीत जो आँखों के समक्ष गुज़र गया,
जो कि अप्रत्याशित था,
कभी -कभी मानसिक अस्थिरता उत्पन्न कर देता है।

10. पहली

पहली बनो,
जिसे समझना पड़े दिलो दिमाग़ से,
ऐसी गूढ़ पहेली बनो|
कदम बढ़ाना उस रास्ते पर,
जिस पर चलने के,
समाज ने तुम्हें योग्य न समझा,
मन में ठान कर,
तोड़कर दायरे,
पहल करो,कुछ गूढ़ बुनो,
पहली बनो
जिसे समझना पड़े दिलो दिमाग़ से,
ऐसी गूढ़ पहेली बनो|
पहली बन जब तुम आगे बढ़ती हो,
हर मन मस्तिष्क पर,
तुम अपनी छाप गढ़ती हो
यूँ ही नहीं कहते हैं,
जो पहली है,
वो एक पहेली है,
करने निकलती है,
वो घना जंगल पार,

मन से सबल,
राहों में वो अकेली है,
किसी दूषित परंपरा ,
या सोच को,
देना चुनौती आसान नहीं,
उठाना आवाज़,
करना भटकावों को नज़रअंदाज़,
कोई न दे साथ अगर,
करने अपने सपनों को पूरा,
अकेली कूंच करो,
पहली बनो,
जिसे समझना पड़े दिलों दिमाग़ से,
ऐसी गूढ़ पहेली बनो |

11. प्रेम का पेड़

प्रेम एक पेड़ है,
जिसे हृदय की भूमि पर उगाया जाता है,
या यूँ कहें,
यह किसी निश्छल के लिए,
स्वयमेव उग जाता है,
इसके लिए कोई अभ्यास की ज़रूरत नहीं होती,
न ही ज़रूरी होता है प्रयास,
हाँ, ज़रूरी होता है विश्वास,
विश्वास उस निश्छल की निश्छलता पर,
ये विश्वास पानी और खाद की तरह होता है,
जिसके बिना प्रेम का पेड़ सूख जाता है।।
प्रेम के इस पेड़ के बढ़ने पर,
इसमें फल भी लगते हैं,
समर्पण और त्याग के,
पहला,समर्पण का वो फल,जिसे प्रेम में चखना,
मतलब कि उस निश्छलता,
और उस परमार्थ, जिसका दूसरा रूप प्रेम ही है,
के चरणों में अपना सर्वस्व अर्पित कर देना,
दूसरा, त्याग का वो फल, प्रेम में चखना,
मतलब अपने अंदर की,

खासियत को छोड़कर, आम हो जाना,
और मिट्टी में मिला देना अपने अहम को,
अतः प्रेम में समर्पण और त्याग
जो कि अंततः वैराग्य ही हैं,
के स्वाद को महसूस कर तृप्ति प्राप्त करना।।
प्रेम के इस पेड़ पर,
कुछ पक्षियों के घोंसले भी बन गए हैं,
जो कि कोई किराया नहीं देते,
और न ही प्रतिपूर्ति करते हैं,
उस भोजन और उस सेवा की,
जो प्रेम का वृक्ष उन्हे देता है,
क्यूँकि ये घोंसले बसेरा हैं,
उन निःस्वार्थ और निःशर्त प्रेम के भावों का,
जो प्रेम के वृक्ष की छाँया में पलते हैं।।
इस पेड़ के जीवित रहने के लिए,
ज़रूरत है प्रणवायु की,
प्रेम में वार्तालाप, परस्पर संवाद, और आपसी समझ,
की डोर जब तक बँधी है,
इस प्रेम के पेड़ को प्रणवायु मिल रही है।।
चूँकि यह प्रेम का पेड़,
हृदय की भूमि पर उगता है,
अतः इसमें आत्मीय जुड़ाव का गुण,
अंतर्निहित होता है,
ये आत्मीय जुड़ाव ही इस वृक्ष की वो छाँया है,
जिसमें जब दो हृदय मिलते हैं,
तो आत्माएँ भी दो नहीं रहतीं,
एक हो जाती हैं ।।|

12. मिल सकते थे

मिल सकते थे मुझे,
समंदर के मोती,
लेकिन मैंने,
दो कौड़ी की रेत चुनी,
रास्ते पुकारते रहे,देते रहे प्रलोभन,
पर मैंने उनकी,एक न सुनी,
चलता रहा मैं,
अपने मन मुताबिक,
कई विचारधाराओं से,
हुआ टकराव,
कुछ से हो गयी कहासुनी,
फ़र्क सिर्फ सोच,
और सवाल चरित्र का था,
पर लगा जैसे हंसों के बीच,
बगुला आ गया हो,
आ गया हो जैसे,
गुणियों के बीच अवगुणी,
मेरी सोच थी कुछ अलग,
न कि गलत,
ना समझ दुनिया को,

मैं समझा न पाया,
इसलिए शायद शुरुआत में,
मेरी सबसे ठनी,
वक़्त तो बदला,
पर भूत के निशान न मिटे,
समय के साथ,
मेरा व्यक्तित्व बदला,
नयी सोच जीवन के,
एक युगारंभ का पर्याय बनी,
कुछ सपने ऐसे होते हैं,
जो पूरे नहीं होते,
पर पूरे न होने के डर से,
क्या हम ख़्वाब नहीं संजोते?
ईश्वर से माँगने में क्या हर्ज,
अनकही बात तो अक्सर,
हो जाती है अनसुनी,
होता वही है जो,
नियति तय करती है,
नियति हमारी इच्छा नहीं,
योग्यता को परखती है,
कहानी होती है वो,
जो ऊपर वाला तय करता है,
न कि वो जो हमने है बुनी 1
मिल सकते थे,
मुझे समंदर के मोती,
लेकिन मैंने,
दो कौड़ी की रेत चुनी।

13. मुस्कुराहट

माथे पर चिंता की लकीरें,
सोच पर समाज की जकड़ी हुई जंजीरें,
हृदय के दरवाज़े पर दस्तक देती एक आहट,
बंद दरवाज़ा भी खोल देती है एक मुस्कुराहट।
देखो कि मुस्कुराना कोई ज़ुर्म नहीं,
मुस्कुराकर न जिये तो जीने का कोई मर्म नहीं,
भावों के दरिया में डूब रहे, को मिल जाती है राहत,
बंद दरवाज़ा भी खोल देती है एक मुस्कुराहट।
मुस्कुराओ कि मुस्कुराना एक औषधि है,
निराश मन को आशा दे ये वो विधि है,
लगाती है मरहम उनके घावों पर, जो हैं दुनिया से आहत,
बंद दरवाज़ा भी खोल देती है एक मुस्कुराहट।
रहो मुस्कुराते, तुम्हारे साथ मुस्कुरायेगा संसार भी,
मुस्कुराने से जीत में बदल जायेगी हार भी,
जीवंत हो उठती है फिर जीवन जीने की चाहत,
बंद दरवाज़ा भी खोल देती है एक मुस्कुराहट।
मुस्कुराना एक बिना शब्द की कविता है,
भर दे रंग जीवन में उमंग और उत्साह के, ये वो विशेषता है,
ये नहीं है कोई आम गुण, रसूखदारों की है विरासत,
बंद दरवाज़ा भी खोल देती है एक मुस्कुराहट।

मुस्कुराना मन की बंजर भूमि में फूल खिलाता है,
जीवन की धूप में, छाँव प्रदान करता है,
मुस्कुराना एक भाव है जो दर्शाता है स्वागत,
बंद दरवाज़ा भी खोल देती है एक मुस्कुराहट।

14. मेरी तन्हाई

सुबह दफ़्तर जाने की भाग दौड़,
दफ़्तर में तनाव ,
और काम का अथाह बोझ,
शाम को दफ़्तर से आना,
अच्छा लगता है खुद से जुड़ जाना,
करता है मन करूँ कुछ कलाकारी,
भरूँ रंग जीवन में,
कर लूँ कोई चित्रकारी,
लेकर कलम कुछ लिखने का,
करूँ कोई अभ्यास,
संगीत का कोई ज्ञान नहीं,
फिर भी मन कहता है,
कर लूँ एक बार प्रयास,
ये सब करना कोई व्यर्थ नहीं,
सिर्फ़ भाग- दौड़ करने
और मशीन बने रहने में,
जीवन का कोई अर्थ नहीं,
कोई साथ हो न हो,
मैं स्वयं करती हूँ,
अपने जीवन की अगुवाई,

अकेली नहीं हूँ मैं,
साथ रहती है मेरी तन्हाई।
हम भाग दौड़ में लगे हुए हैं,
जैसा संसार चाहता है,
उस साँचे में ढले हुए हैं,
यदि कोई इस साँचे में,
ढलने का विरोध करता है,
तो वह समर्थन नहीं पाता,
जग उसके रास्ते में अवरोध करता है,
साथ में कोई हो न हो,
करते चलो पूरे अपने सपने,
छोड़ जाना है एक दिन संसार,
छोड़ दो सोचना कि क्या कहेंगे?
लोग ये दो चार,
सब लगे हैं खुश करने में दूसरों को,
कुछ करें ऐसा कि,
स्वयं की आत्मा तृप्त हो,
कोई साथ नहीं रहता,
अंधेरे में छोड़ देती हैं साथ परछाई,
अकेली नहीं हूँ मैं,
साथ रहती है मेरी तन्हाई।

15. याद नहीं

कब आखिरी बार महसूस किया था,
गुलाब की सुगंध को,
कब महसूस किया था,
मोंगरा और चमेली की खुशबू को,
याद नहीं l
आपधापी इतनी बढ़ गयी कि,
फूलों के बगीचे अब,
उस तरह ठंडक नहीं देते,
कब लगाया था कलमों को बाग में,
डाला था पानी क्यारी में,
याद नहीं।
एक वक़्त था जब नदियाँ,
कौतूहल उत्पन्न करती थीं,
आखरी बार कब नदी में,
पैर छापछपाये थे,
याद नहीं।
चारों तरफ है,
ट्राफिक, धुआँ, शोर और व्यस्तता ,
कि आँखे देख नहीं पाती,
प्रकृति की सुंदरता,

आखिरी बार कब,
तितलियों को पकड़कर,
फूलों पर बैठाया था,
याद नहीं।
चकाचौन्ध से भरी इस दुनिया में,
जहाँ आँखे भरमाती हैं,
वहाँ जुगनुओं को मुट्ठी में बंद कर,
कब अंधेरी राह की,
लालटेन बनाया था,
याद नहीं।
दफ़्तरी फाइलों में,
जीवन व्यस्त है,
किसे फुर्सत है?
आखिरी बार कब,
मोरपंख और नीलकंठ के,
पंख को साहेजा था,
अपनी डायरी में,
याद नहीं।
आज बस से सफ़र करते हुए,
एक बच्चे को देख लगा कि
बिठा लूँ उसे गोद में,
पर क्यूँ नहीं कर पायी ऐसा?
जाने कब बेपरवाही और नादानी,
दिखाई थी, याद नहीं ।
भीड़ में गुम है व्यक्तित्व,
हर तरफ़ धुआँ और धूल है,
फ़िर भी आजकल दौड़ते रहने का,

पक्का हो चुका,उसूल है,
कब साँस ली थी ताज़ी हवा में,
और निहारा था,
ढलते सूरज की लालिमा को,
याद नहीं।
बारिश से बचने और
दफ़्तर जाने की जद्दोजहद में,
भूल गये हैं हम,
मिट्टी की सोंधी खुशबू को,
और कब आखिरी बार भीगे थे,
तर होकर बारिश में,
याद नहीं।
बनावटी दुनिया में,
हम भूल गये हैं,
सच्चे जज़्बातों को ज़ाहिर करना,
कब खुलकर हँसे थे,
और कब रोए थे बेपरवाह होकर,
याद नहीं।

16. वर्षा

फूलों के वन में,
खिल रहे हैं अमलतास,
उष्णता से त्रस्त धरा,
ले रही है, राहत भरी श्वास,
अमलतास का खिलना संकेत है,
वर्षा के आने का,
सूखी पड़ी धरती पर,
हरियाली के छाने का,
आसमान से गिरते मोती,
नदियाँ हैं जलमग्न,
हरी चूनर ओढ़े धरती,
लगती है दुल्हन,
पपीहा को है,
अब बादलों से आस,
पहली बारिश की बूंदों से,
बुझेगी उसकी प्यास,
आसमान में छाया इंद्रधनुष,
लगता है, जैसे इस धरा के शीश पर ,
सुशोभित हो कोई,
सतरंगी मुकुट,

सृजन को इंगित करता वातावरण,
चारों ओर खिलते फूल,
प्रस्फुटित होतीं वनस्पतियाँ,
स्फुटित होते झरने,
और उफान पर बहती नदियाँ,
हरे भरे वृक्षों पर लदे पुष्प
और चारों ओर फैली उनकी सुगंध,
आल्हादित करती मन मस्तिष्क को,
पवन बह रही है मंद,
कहीं वर्षा गीत तो कहीं सुनाई देती,
आल्हा गायन की आवाज़,
कजरी गायन के स्वरों की ध्वनि से,
सावन देता है आगाज़,
काले गरजते बादल,
कड़कती बिजली की तलवार,
आसमान से बूँदों के वाणों की,
होती भीषण बौछार,
तूफान कभी बवंडर,
तो कभी बहती ठंडी मंद बयार,
कहीं कोयल की कूक,
तो कहीं वन में नृत्य करते मोर,
सर सर बहती पवन,
मचा रही है शोर,
बाँध,नदियाँ और झरने ,
हैं तीव्र उफान पर,
थाम सकते हैं उनका वेग,
उन्हें एक दिशा देकर,

लहलहा रही है खेतों में धान,
खिल रहे हैं वन और उद्यान,
मिट जाती है शुष्क और
असंतृप्त धरा की प्यास,
वर्षा के आने से घुल जाती है,
सबके जीवन में मिठास |

17. विचित्र संसार

देखकर दर्पण में,
प्रतिबिंब अपना,
अपनी ही आँखों में,
देखा है एक सपना l
सपने में था,
एक विचित्र संसार,
राग- द्वेष, ईर्ष्या, घृणा,
जहाँ निष्कासित हों,
प्रेम और भाईचारे की,
जहाँ बहती हो बयार l
निर्भीक होकर रखते हों,
जहाँ लोग अपना पक्ष,
निर्णय लिये जाते हों,
होकर निष्पक्ष,
जहाँ लोगों में,
असुरक्षा की भावना न हो,
निर्भय होकर सब,
करते हों अपना कार्य,
सपने में था,
एक ऐसा संसार l

यहाँ लोग तमाशबीन नहीं होते,
सच को कहने का,
साहस रखते,
एक दूसरे को,
गिरने नहीं देते,
एकता की शक्ति का,
बोध कराते,
कोई नहीं करता,
किसी की गरिमा पर प्रहार,
सपने में था,
एक ऐसा संसार l

18. सफलता के सूत्र

लोग अपनी क्षमता से नहीं,
प्रयासों से पहचान बनाते हैं,
गिर जाएँ हज़ार बार दौड़ में,
तो भी जो उठ खड़े हो जाते हैं।
ज्ञान के साथ ज़रूरी है प्रयास,
ज्ञान की धार तेज़ करने के लिए,
ज़रूरी है अभ्यास,
मंज़िल उन्ही की है जो,
अभ्यास के साथ,
ज्ञान का दीपक जलाते हैं,
आँखों में लिए सपनों का मंज़र,
भटकावों को दरकिनार कर,
मंज़िल पर अपनी नज़र जमाते हैं,
वो ही मंज़िल पर अपनी,
विजय पताका फहराते हैं,
धुंध और कोहरा चाहे,
मंज़िल छिपा ले,
धीरे ही सही पर,
जो चलता है निरंतर,
वो ही अंततः,

विजय का बिगुल बजाता है,
राह चाहे कितनी भी कठिन हो,
मंज़िल पाना लगता नामुमकिन हो,
सफलता उसी के कदमों में झुकती है,
जो पहल का पहला कदम बढ़ाता है,
नदियाँ, पेड़, सूर्य, चंद्रमा, तारे,
अपनी धुन में मग्न अनुशासित हैं सारे,
जब कोई कार्य,
अनुशासन से किया जाता है,
वह विशेष परिणाम को पाता है,
आलस्य को छोड़कर,
जो आगे बढ़ता जाता है,
सोने की चमक फीकी पड़ जाती है ,
उसका खोटा सिक्का भी चल जाता है,
अनुशासन की छाँव हो,
समर्पण अथाह हो,
मिल जाती है मंज़िल अगर,
जीवन में उत्साह हो।

19. साहस

जी सकते हैं आप यदि वहाँ,
जहाँ मर जाना नियत था,
या बच कर निकल जाते हैं वहाँ से,
जहाँ हर तरफ़ से,
आपके अस्तित्व के लिए खतरा था।
या फिर अपने आप को,
गुम होने से बचा लेते हैं,
जहाँ गुम हो जाने पर,
आपको ढूँढने वाला,
कोई नहीं था।
यदि आप लाख संघर्षों और
आपकी गरिमा पर,
किये गये कई प्रहारों के बाद भी,
जीवित रख पाए हैं,
अपनी मानवता और मासूमियत को।
जहाँ तय था,
या तय किया गया था,
आपकी हार को,
फ़िर भी आपने,
दौड़कर, चलकर या रैंगकर,

अपने आप को,
या यूँ कहें अपने सपनों को,
जीवित बचा लिया।
तो इतिहास आपके,
साहस पर लिखा जायेगा,
आप एक प्रेरणा हैं।

20. सुबह सबेरे

सुबह सबेरे मैंने आज एक लड़की को,
ओस की बूँदों में गाते हुए देखा,
धरती पर थे पैर उसके,
फिर न जाने क्यों उसे आसमान के,
ख्वाब सजाते हुए देखा,
दूसरों का सहारा बनना चाहती थी वो,
पर न जाने क्यों, मैंने उसके,
कदमों को लड़खड़ते हुए देखा,
होंठों पर मधुर मुस्कान थी उसके,
फिर भी मैंने उसके गम को,
आँखों में झिलमिलाते हुए देखा,
उड़ना चाहती थी वो,
फिर न जाने क्यों मैंने उसके,
पंखों को फडफड़ाते हुए देखा,
एक पल सुबह बारिश की,हल्की बौछारों में,
फूल सी खिल उठी थी वो,
दूसरे ही पल मैंने उसे,
मुरझाते हुए देखा,
आसमान के टिमटिमाते तारों पर,
नज़र थी उसकी,

फिर भी न जाने क्यों मैंने उसे,
अपनी पलकों को झुकाते हुए देखा,
सुबह की हल्की बारिश में,झूम उठी थी वो,
फिर भी न जाने क्यों मैंने,
उसे चेहरे पर बहती बारिश की बूँदों में,
अपने आँसुओ को छुपाते हुए देखा,
दूसरों को हमेशा खुश रहने की,
नसीहत देती थी वो,
फिर न जाने क्यों, मैंने उसे,
अपने ही ग़म को छिपाते हुए देखा,
एक पल वो अपना ख़्वाब जी रही थी,
दूजे ही पल मैंने उसके सपने को,
मर जाते हुए देखा,
ओस की बूँदों को देखकर एक आस,
एक उमंग सी जाग गयी थी उसमें,
सूर्य निकलते ही, ओस के उड़ते ही,
मैंने उसे फ़िर निराश हो जाते देखा,
कर रही थी इंतज़ार,
अपने सपनों के पूरा होने का,
पर इसी इंतज़ार में,
सुबह से शाम हो जाते हुए देखा,
अपनी राह पर चली गयी वो,
धीऱे- धीऱे मैंने उसे,
कोहरे में धुंधलाते हुए देखा,
सुबह सबेरे मैंने आज एक लड़की को,
ओस की बूँदों में गाते हुए देखा ||

21. गुज़र जाए

जीवन के हर एक पल को,
यादगार बना कर,
सहेज लें जीवन के,
हर एक सुखद लम्हे को,
मन- मस्तिष्क की डायरी में,
इससे पहले कि वह,
गुज़र जाए।
जिंदगी बहुत छोटी,
और शरीर है क्षणभंगुर,
एकत्र कर लें जीवन में,
पुण्य से मिलने वाले सुख को,
कर्मयोग के पिटारे में,
इससे पहले कि समय,
गुज़र जाए ।
जीवन में कोई भी क्षण,
नहीं आता दोबारा,
क्षण की सफलता ही,
जीवन की सफलता की ईंट है,
हर क्षण को इस कदर कर लें,
या करने का प्रयास करें,

कि वो संपूर्ण हो जाए,
इससे पहले कि वह क्षण,
गुज़र जाए।
जीवन में कभी- कभी,
अवसर दस्तक देता है,
एक क्षण का निर्णय,
बदल सकता है सबकुछ,
पकड़ लो अवसर की उस ट्रेन को,
इससे पहले कि वह,
गुज़र जाए।
कभी- कभी हम,
ग़लत रास्ते पर,
अग्रसर होते हैं,
जितना दूर जाते जायेंगे,
उतना ही लौटना मुश्किल होगा,
वक़्त रहते लौट आओ,
इससे पहले कि समय,
गुज़र जाए।

www.ingramcontent.com/pod-product-compliance
Lightning Source LLC
Chambersburg PA
CBHW070648240926
51846CB00003BA/831
* 9 7 8 9 3 7 5 4 3 6 1 7 1 *